Richard Kleissner

Kindergebete

mit Illustrationen von
Helmut Kasper

Tyrolia-Verlag · Innsbruck-Wien

Liebe Eltern!

Wer betet, weiß, dass er nicht alleine ist. Im Gebet vertraue ich auf Gott und darauf, dass er mich, meinen Alltag und die Menschen um mich herum begleitet und beschützt.
Für dieses Buch haben wir bewusst Gebete ausgesucht, die schon unsere Eltern und Großeltern gebetet haben. Auch wenn einige vielleicht etwas altmodisch klingen, ihre Grundbotschaften sind höchst aktuell. Und – gemeinsames Beten braucht gemeinsame Worte!
Da die Gebete für junge, oft nicht lesekundige Kinder bestimmt sind, ist das Buch reichhaltig illustriert.
Wir wünschen Ihnen und Ihren Kindern mit diesem Kindergebetbuch Momente der Geborgenheit, der Freude und des Glaubens, denn: „Wo zwei oder drei in meinem Namen versammelt sind, da bin ich mitten unter ihnen!" (Mt 18,20)

Richard Kleissner

Inhalt

Morgengebete

O Gott, du hast in dieser Nacht
so väterlich für mich gewacht.
Ich lob und preise dich dafür
und dank für alles Gute dir.
Amen.

Lieber Gott!
Ich bin gerade aufgewacht
und sehe, dass die Sonne lacht.
Ich freue mich auf den heutigen Tag,
und bitte, beschütze mich,
was er auch bringen mag.
Amen.

Alles, was wir heute tun,
beten, spielen, lernen, ruh'n,
soll gescheh'n in Jesu Namen
und mit seinem Segen.
Amen.

Wo ich gehe, wo ich stehe,
bist du, lieber Gott, bei mir.
Wenn ich dich auch niemals sehe,
weiß ich sicher, du bist hier.
Amen.

Die Nacht ist zu Ende,
die Sonne ist erwacht.
Ich falte die Hände
und danke für die Nacht.

Alles, was ich bin und habe,
kommt, o großer Gott, von dir.
Du gibst jede gute Gabe,
jede Freude schenkst du mir.

Ein neuer Tag ist da.
Hab Dank für Schlaf und Ruhe
und sei mir heute nah
bei allem, was ich tue.

Hilf, lieber Gott,
und steh uns bei,
dass dieser Tag gesegnet sei.

Tischgebete

Jedes Tierlein hat sein Essen,
jedes Blümlein trinkt von dir,
hast auch meiner nicht vergessen,
lieber Gott, ich danke dir.
Amen.

Aus der braunen Erde
wächst unser täglich Brot.
Für Sonne, Wind und Regen
danken wir, o Gott.
Was auch sprießt in unserm Land,
alles kommt aus deiner Hand.
Amen.

O Gott, von dem wir alles haben,
wir preisen dich für deine Gaben,
du speisest uns, weil du uns liebst,
o segne auch, was du uns gibst.
Amen.

Wir danken dir, du treuer Gott,
auch heut' für unser täglich Brot:
Lass uns in dem, was du uns gibst,
erkennen, Herr, dass du uns liebst.
Amen.

Komm, Herr Jesus,
sei unser Gast,
und hilf uns zu teilen,
was du uns gegeben hast.

Wir haben genug zu essen,
wir werden täglich satt.
Hilf, dass wir den nicht vergessen,
der nichts zu essen hat.

Lieber Gott, wir danken dir
für das schöne Essen hier.

Alle guten Gaben,
alles, was wir haben,
kommt, o Gott, von dir.
Wir danken dir dafür. Amen.

Lieber Gott, für Speis und Trank
sagen wir dir Lob und Dank.

Abendgebete

So ein schöner Tag war heute,
lieber Gott, und so viel Freude
hast du wieder mir gemacht.
Dankbar sag' ich gute Nacht.
Vater, Mutter, alle Lieben,
seien in dein Herz geschrieben.
Mit den Menschen hab' Erbarmen,
denke auch an alle Armen.
Amen.

Müde bin ich, geh' zur Ruh',
schließe meine Äuglein zu.
Vater, lass die Augen dein
über meinem Bette sein.
Alle, die mir sind verwandt,
Gott, lass ruh'n in deiner Hand.
Alle Menschen, groß und klein,
sollen dir empfohlen sein.
Kranken Herzen sende Ruh,
nasse Augen schließe zu,
lass den Mond am Himmel steh'n
und die weite Welt beseh'n.
Amen.

Schon glänzt der goldne Abendstern,
gut Nacht, ihr Lieben nah und fern.
Schlaft ein in Gottes Frieden.
Die Blume schließt die Äuglein zu,
der kleine Vogel geht zur Ruh,
bald schlummern alle Müden.
Du aber schläfst und schlummerst nicht,
du treuer Gott im Sternenlicht,
dir will ich mich vertrauen.
Hab auf mich, dein Kindlein, Acht,
lass mich nach einer guten Nacht
die Sonne fröhlich schauen.
Amen.

Wer hat die Sonne denn gemacht,
den Mond und all die Sterne?
Wer hat den Baum hervorgebracht,
die Blumen, nah und ferne?
Wer schuf die Tiere, groß und klein?
Wer gab auch mir das Leben?
Das tat der liebe Gott allein,
drum will ich Dank ihm geben.
Amen.

Gott, der du heute mich bewacht,
beschütze mich auch diese Nacht.
Du sorgst für alle, groß und klein,
drum schlaf' ich ohne Sorgen ein.

Bevor ich mich zur Ruh' begebe,
zu dir, o Gott, mein Herz ich hebe,
und sage Dank für jede Gabe,
die ich von dir empfangen habe.

Lieber Gott, ich schlafe ein,
lass mich ganz geborgen sein.
Die ich liebe, schütze du.
Decke allen Kummer zu.
Kommt der helle Morgenschein,
lass mich wieder fröhlich sein.

Nun geht der Tag zu Ende,
ich falte meine Hände
und freue mich auf morgen.
Bei Gott bin ich geborgen.

Vater unser

Vater unser im Himmel,
geheiligt werde dein Name.
Dein Reich komme.
Dein Wille geschehe,
wie im Himmel so auf Erden.
Unser tägliches Brot gib uns heute.
Und vergib uns unsere Schuld,
wie auch wir vergeben unsern Schuldigern.
Und führe uns nicht in Versuchung,
sondern erlöse uns von dem Bösen.

Denn dein ist das Reich und die Kraft
und die Herrlichkeit in Ewigkeit.
Amen.

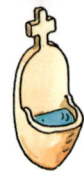

Ehre sei dem Vater

Ehre sei dem Vater
und dem Sohn
und dem Heiligen Geist,
wie am Anfang so auch jetzt
und alle Zeit und in Ewigkeit.
Amen.

Gegrüßet seist du, Maria

Gegrüßet seist du, Maria,
voll der Gnade,
der Herr ist mit dir.
Du bist gebenedeit
unter den Frauen,
und gebenedeit ist
die Frucht deines Leibes, Jesus.
Heilige Maria, Mutter Gottes,
bitte für uns Sünder
jetzt und in der Stunde
unseres Todes.
Amen.

Glaubensbekenntnis

Ich glaube an Gott, den Vater, den Allmächtigen,
den Schöpfer des Himmels und der Erde,
und an Jesus Christus,
seinen eingeborenen Sohn, unsern Herrn,
empfangen durch den Heiligen Geist,
geboren von der Jungfrau Maria,
gelitten unter Pontius Pilatus,
gekreuzigt, gestorben und begraben,
hinabgestiegen in das Reich des Todes,
am dritten Tage auferstanden von den Toten,
aufgefahren in den Himmel;
er sitzt zur Rechten Gottes, des allmächtigen Vaters;
von dort wird er kommen,
zu richten die Lebenden und die Toten.
Ich glaube an den Heiligen Geist,
die heilige katholische Kirche, Gemeinschaft der Heiligen,
Vergebung der Sünden, Auferstehung der Toten
und das ewige Leben. Amen.

Das Rosenkranzgebet

Das Rosenkranzgebet wird meistens mit Hilfe einer Gebetsschnur
– dem so genannten Rosenkranz – gebetet. Darauf befinden sich
ein Kreuz und eine große Anzahl von Perlen, die in einer bestimm-
ten Reihenfolge angeordnet sind.

Das Gebet beginnt mit dem Kreuzzeichen.
Es folgt das Glaubensbekenntnis – man umfasst das Kreuz ...
Ehre sei dem Vater ...
Vater unser ... – man umfasst die 1. Perle.

Gegrüßet seist du, Maria, ... – 2./3./4. Perle
          ... Jesus, der in uns den Glauben vermehre
          ... Jesus, der in uns die Hoffnung stärke
          ... Jesus, der in uns die Liebe entzünde
Ehre sei dem Vater ...
Vater unser ... – 5. Perle als Beginn eines Gesätzes

Es folgen fünf Gesätze.
Jedes Gesätz beginnt mit einem Vater unser, es folgt zehnmal das
„Gegrüßet seist du Maria". Nach dem Namen „Jesus" wird jedes Mal
das entsprechende Geheimnis eingefügt. Das Gesätz schließt mit
dem „Ehre sei dem Vater".

Die freudenreichen Geheimnisse
Jesus, den du, o Jungfrau, vom Heiligen Geist empfangen hast
Jesus, den du, o Jungfrau, zu Elisabet getragen hast
Jesus, den du, o Jungfrau, (in Betlehem) geboren hast
Jesus, den du, o Jungfrau, im Tempel aufgeopfert hast
Jesus, den du, o Jungfrau, im Tempel wiedergefunden hast

Die schmerzhaften Geheimnisse
Jesus, der für uns Blut geschwitzt hat
Jesus, der für uns gegeißelt worden ist
Jesus, der für uns mit Dornen gekrönt worden ist
Jesus, der für uns das schwere Kreuz getragen hat
Jesus, der für uns gekreuzigt worden ist

Die glorreichen Geheimnisse
Jesus, der von den Toten auferstanden ist
Jesus, der in den Himmel aufgefahren ist
Jesus, der uns den Heiligen Geist gesandt hat
Jesus, der dich, o Jungfrau, in den Himmel aufgenommen hat
Jesus, der dich, o Jungfrau, im Himmel gekrönt hat

Der Engel des Herrn (Angelus)

V Der Engel des Herrn brachte Maria die Botschaft,
A und sie empfing vom Heiligen Geist.
Gegrüßet seist du, Maria ...

V Maria sprach: Siehe, ich bin die Magd des Herrn;
A mir geschehe nach deinem Wort.
Gegrüßet seist du, Maria ...

V Und das Wort ist Fleisch geworden
A und hat unter uns gewohnt.
Gegrüßet seist du, Maria ...

V Bitte für uns, heilige Gottesmutter,
A dass wir würdig werden der Verheißung Christi.

Lasset uns beten. – Allmächtiger Gott, gieße deine
Gnade in unsere Herzen ein.
Durch die Botschaft des Engels haben wir die
Menschwerdung Christi, deines Sohnes, erkannt.
Lass uns durch sein Leiden und Kreuz zur
Herrlichkeit der Auferstehung gelangen.
Darum bitten wir durch Christus, unsern Herrn.
A Amen.

Herr, du bist mein Hirt, bei dir bin ich gern.
Bei dir darf ich spielen im grünen Gras.
Frisches Wasser lässt du für mich sprudeln.
Du führst mich, ich fasse deine Hand.
Du kennst den richtigen Weg.
Auch wenn ich durch dunkle Straßen gehe,
ich habe keine Angst.
Du bist ja bei mir.
Du schützt mich, dir will ich trauen.
Du gibst mir Speise und Trank zur rechten Zeit.
Das Wasser der Taufe hast du
über mich fließen lassen,
ich bin dein Kind.
Ich darf bei dir bleiben immer und alle Zeit.
Du bist mein Hirt, Herr, bei dir bin ich gern.

Nach Psalm 23,1-4

Segenswunsch

Der Herr sei vor dir,
um dir den rechten Weg zu zeigen.

Der Herr sei neben dir,
um dich in die Arme zu schließen und dich zu beschützen.

Der Herr sei hinter dir,
um dich zu bewahren vor der Heimtücke böser Menschen.

Der Herr sei unter dir,
um dich aufzufangen, wenn du fällst,
und dich aus der Schlinge zu ziehen.

Der Herr sei in dir,
um dich zu trösten, wenn du traurig bist.

Der Herr sei um dich herum,
um dich zu verteidigen, wenn andere über dich herfallen.

Der Herr sei über dir,
um dich zu segnen.

Mitglied der Verlagsgruppe „engagement"

6. Auflage 2019
Verlagsanstalt Tyrolia, Innsbruck
© Katholischer Familienverband Tirol, Riedgasse 9, 6020 Innsbruck
Umschlaggestaltung und Layout: Richard Kleissner
Satz, Lithografie, Druck und Bindung: Alpina, Innsbruck
ISBN 978-3-7022-2518-6
E-Mail: buchverlag@tyrolia.at
Internet: www.tyrolia-verlag.at